WALTER TROBISCH

Liebe ist ein Gefühl, das man lernen muß

R. Brockhaus Verlag Wuppertal

R. Brockhaus Taschenbücher – »Tween 2000«
Band 2001

12. Auflage 1982

Umschlaggrafik: Joachim Zimmerbeutel, Neustadt/Weinstr.
Titelfoto: Leidmann-Anthony
Gesamtherstellung: Breklumer Druckerei Manfred Siegel

ISBN 3-417-22001-7

Eine indische Legende erzählt:

Nachdem der Schöpfer den Mann erschaffen hatte, waren alle materiellen Lebensbestandteile verbraucht. Woraus sollte er die Frau erschaffen? Es war nichts Solides, nichts Handgreifliches übrig geblieben.

Lange dachte der Schöpfer nach, dann nahm er

die Runde des Mondes, die Schmiegsamkeit der rankenden Weinrebe und das Zittern des Grases;

die Schlankheit des Schilfstengels und die Blütenpracht der Blumen;

die Leichtigkeit der Blätter und die Heiterkeit der Sonnenstrahlen;

die Tränen der Wolken und die Unstetigkeit der Winde;

die Furchtsamkeit des Hasen und die Eitelkeit des Pfaus,

die Weichheit der Papageienbrust und die Härte des Diamanten,
die Süßigkeit des Honigs und die Grausamkeit des Tigers,
das Brennen des Feuers und die Kälte des Schnees, die Geschwätzigkeit der Elster und den Gesang der Nachtigall,
die Falschheit des Kranichs und die Treue der Wildenten.

Alle diese nicht faßbaren Elemente vereinigte der Schöpfer zu einem neuen Wesen und führte es dem Manne zu.

Nach einer Woche kam der Mann zu ihm und sagte:

»Herr, diese Frau, die du mir gegeben hast, macht mich unglücklich. Sie redet ohne Unterlaß und peinigt mich unerträglich, so daß ich keine Ruhe mehr finde. Sie will, daß ich ihr in jedem Augenblick Aufmerksamkeit schenke, und auf diese Weise vergeude ich meine Zeit. Sie macht über jede Kleinigkeit ein großes Geschrei und führt ein faules Leben. Ich bin gekommen, um sie dir zurückzubringen, denn ich kann nicht mit ihr leben.«

»Nun gut«, sagte der Schöpfer und nahm sie zurück. Eine Woche später kam der Mann erneut zum Schöpfer und sagte:

»Herr, mein Leben ist so leer, seit ich dir dieses Geschöpf zurückgegeben habe. Ich denke dauernd an sie – wie sie tanzte und sang, wie sie mich aus den Augenwinkeln ansah, wie sie mit mir plauderte und sich an mich schmiegte. Sie war so schön und so weich. Ihr Lachen machte mich so froh. Bitte, gib sie mir zurück.«

»Nun gut«, sagte der Schöpfer und gab sie ihm zurück.

Aber schon nach drei Tagen kam der Mann wieder und sagte:

»Herr, ich weiß nicht – ich kann es nicht erklären, aber nach all meinen Erfahrungen mit dieser Frau bin ich zu dem Schluß gekommen, daß sie mir mehr Kummer als Freude bereitet. Ich flehe dich deshalb an, nimm sie wieder zurück!«

Aber der Schöpfer sprach: »Mach, daß du fortkommst, geschwind, denn mir ist es genug! Lebe so, wie du kannst!«

Darauf sprach der Mann: »Aber ich kann mit ihr nicht leben!«

»Und ohne sie kannst du auch nicht leben!« entgegnete der Schöpfer.

Dann wandte er dem Mann seinen Rücken zu und fuhr in seinem Werk fort.

»Was soll ich tun?« sagte der Mann voller Verzweiflung. »Ich kann nicht mit ihr leben, und ich kann auch nicht ohne sie leben!«

Liebe ist ein Gefühl, das man lernen muß.

Sie ist Spannung und Erfüllung.
Sie ist Sehnsucht und Feindschaft.
Sie ist Freude und Schmerz.
Eines gibt es nicht ohne das andere.

Glück ist nur ein Teil der Liebe – das muß man lernen.
Auch Leiden gehört zur Liebe. Das ist das Geheimnis der Liebe, ihre Schönheit und Bürde.

Liebe ist ein Gefühl, das man lernen muß.

Es verursachte Sylvia beinahe körperlichen Schmerz, ihren Traum aufzugeben. Aber sie war nun sicher: Er war zu Ende.

Ehe sie »ihn« getroffen hatte, hatte sie ein Traumbild von ihrem zukünftigen Mann gehabt: groß, schlank, sportlich, intelligent, geistreich; abgeschlossenes Studium, ein paar Jahre älter als sie — und natürlich ein Musik- und Literaturfreund, vielleicht ein Professor für Literatur oder Inhaber eines gutbezahlten Postens bei der Regierung.

Wenn Sylvia an einem Blumengeschäft vorbei kam und dunkelrote Rosen im Schaufenster sah, malte sie sich aus, wie es sein würde, wenn ihr eines Tages jemand als Zeichen seiner Liebe solche Rosen schenken würde.

Aus der Traum! »Er« war so ganz anders. Er war nicht aufregend — überhaupt nicht. Als er sie zum erstenmal zum Essen eingeladen hatte, hatte sie innerlich gefleht: »Herr, doch nicht ihn! Bitte nicht! Er ist nicht der Mann, den ich heiraten möchte!«

Sie hatte sich nie mit technischen Dingen befaßt, und denen galt sein ganzes Interesse, denn er war Bauingenieur. Noch dazu war er ziemlich schwerfällig. Er dachte nicht daran, ihr Rosen zu schenken. Er brachte ihr überhaupt nichts mit. Er kam eben, und dann war er da.

Er war so schrecklich »vernünftig« und nüchtern.

Gefühllos war er nicht, nein. Aber gerade der Ausdruck seiner Gefühle irritierte sie. Sie konnte sich nicht darauf verlassen, denn sie änderten sich so schnell. In einem Augenblick war er ungestüm und begeistert — und im nächsten steif wie ein Stock. Sehnte sie sich nach einem zärtlichen Wort, bot er ihr stattdessen einen Kuß an und sprach gleich darauf vom Fußball oder von seinen Studien.

Alles an ihm war Vernunft und Wille. Er nannte sie albern und sentimental, wenn sie ihrer Intuition mehr vertraute als seinen Argumenten und seinem Denken.

Warum kann ein Mann nicht wie eine Frau sein?

Manchmal wünschte sie, sie wäre ein Igel, könnte sich zusammenrollen und ihm ihre Stacheln entgegenstrecken, damit er auf stachelige Weise begreifen lernte, daß der Mondschein nicht unbedingt den Wunsch nach Kontakt in ihr weckte.

In seiner Nähe spürte sie immer das Verlangen, sich

in eine Festung der Freiheit zurückzuziehen und die Flagge der Unabhängigkeit zu hissen.

Trotzdem gab Sylvia ihm nicht den Laufpaß. Noch nicht, dachte sie; vielleicht später.

Aber später, nach etwa einem halben Jahr, dämmerte ihr allmählich einiges. Sie begann einzusehen, daß ein junger Mann, der seiner Freundin ein Buch schenkt, das ihn interessiert, es vielleicht ernster meint als einer, der ihr Rosen schenkt.

Das Buch sagt ihr: Ich möchte etwas mit dir teilen, das mich augenblicklich stark beschäftigt. Ich möchte dir einen festen Platz in meinem Leben geben. Ich möchte wissen, was du denkst. Es ist mir sehr wichtig zu wissen, was du denkst.

Zu ihrem eigenen Erstaunen ertappte sich Sylvia eines Tages dabei, wie sie stehen blieb, um sich eine Brücke anzusehen. Zum erstenmal nahm sie die Schönheit ihrer Symmetrie und ihrer klaren Linien wahr. Oder sie verhielt den Schritt und beobachtete, wie die Stahlträger für ein Hochhaus in die Höhe gezogen wurden, und dachte: Das sollte ich ihm zeigen.

Sie wollte nicht mehr nur verstanden werden. Sie hatte selbst zu verstehen begonnen. Sie hatte die erste Lektion der Liebe gelernt: *Man muß seine Träume aufgeben, denn sie stehen dem Glück im Wege.*

Liebe ist ein ganz besonderes Gefühl — ein Gefühl, das man lernen muß.

Wenn die besondere Art dieses Gefühls nicht begriffen wird, wenn es nichts »Romantisches« in der Beziehung der Geschlechter geben darf, dann werden Sex und Liebe austauschbar. Das ist in Afrika noch weitgehend der Fall. Sexualität wird »Liebe« genannt, und Liebe trägt den Namen »Sex«. »Ich liebte ein Mädchen« bedeutet »Ich schlief mit einem Mädchen«. Wer das besondere Gefühl der Liebe nicht gelernt hat, für den gibt es nur das »Alles oder Nichts«. Ein »Dazwischen« existiert nicht für ihn.

Die Folgen dieser Einstellung sind erschreckend. Die Frau ist dann nicht viel mehr als eine Gebärmaschine, ein gut ausgerüsteter Brutapparat. Sie ist keine Person, sondern nur ein Ding, mit dem man Handel treiben, das man kaufen und verkaufen, geben und nehmen kann, ein Objekt, das getauscht und über das verfügt wird, ein untergeordnetes Lebewesen ohne eigenen Willen, das den Wünschen des Mannes zu gehorchen hat. In jeder Kultur, in der man nur wenig sexuelle Zurückhaltung übt und keine »Romantik« und kein »Dazwischen« kennt, wird das Mädchen schließlich zum Ding, zur Sache, zum Objekt.

Mehr als alles andere muß Afrika lernen zu lieben.

Aber können wir behaupten, daß man es in der westlichen Kultur gelernt hat? Welche Erfahrungen machen denn afrikanische Studenten, wenn sie nach Europa oder Amerika kommen?

Unterscheidet sich das, was sie bei uns vorfinden,

von dem, was sie zu Hause verlassen haben? Die sogenannte »Neue Moral«, die sexuelle Freiheit im Westen, nach der man so laut gerufen hat, sie hat die Frau nicht befreit, sondern degradiert und ihrer Würde und Persönlichkeit beraubt. Auch in Europa und in Amerika hat man sie zum »Ding« gemacht, zum Spielzeug, zum Werkzeug, zum Objekt, das männliche Wünsche befriedigen muß.

Wir alle müssen lieben lernen, müssen die Schönheit des »Dazwischen«, die Freude des »Noch nicht« schätzen lernen.

Sylvia sagte: »Unser Verhältnis war irgendwie entspannt, unverkrampft; es war die Ungezwungenheit des noch nicht Endgültigen, und das schätzte ich am meisten. Diese Ungezwungenheit hatte aber auch Raum für Größe und Tiefe. Und gerade diese Gelöstheit festigte unsere Freundschaft.

Wenn dieses ›Dazwischen‹ auch unverkrampft war, bedeutete das allerdings nicht, daß wir kein schmerzliches Verlangen und keine peinvolle Ungewißheit kannten. Aber Schmerz und Leiden waren zugleich mit einem tiefen Glücksgefühl verbunden.«

Haben wir das gehört? Schmerz und Leiden! Schlager und Filme belügen uns, wenn sie uns einreden wollen, man könne glücklich sein, ohne zu leiden. Das ist der Grund für das Scheitern so mancher Freundschaft, für die Enttäuschungen und Qualen, ja, sogar für die Verflachung und den Schiffbruch mancher Ehe: man meint, Liebe könne ohne Leiden wachsen und leben.

Liebe und Leiden schließen einander nicht aus. Sie bedingen einander vielmehr.

Sexuelle Probleme können ihre tiefste Wurzel darin haben, daß man sich weigert, das Leiden anzunehmen; daß man das Zwischenstadium mit seiner Spannung und seiner Ungewißheit überspringen will und so »Liebe« zu einem leeren Wort macht.

Leiden anzunehmen und Schweres zu bejahen hingegen gibt der Liebe Sinn und dem Leben Tiefgang.

Am 20. November 1904 schrieb der Dichter Rainer Maria Rilke in einem Brief an ein junges Mädchen folgende Worte:

»Jungen Menschen möchte ich immer nur dieses eine sagen — daß wir uns an das Schwere halten müssen ... Wir müssen so tief ins Leben hineingehen, daß es auf uns liegt und Last ist: nicht Lust soll um uns sein, sondern Leben ... Wenn für viele das Leben auf einmal leichter wird, leichtsinniger und froher, so ist es nur, weil sie aufgehört haben, es ernst zu nehmen, es in Wirklichkeit zu tragen und mit ihrem eigenen Wesen zu fühlen und zu erfüllen ... Was von uns verlangt wird, ist, daß wir das Schwere lieben und mit dem Schweren umgehen lernen. Im Schweren sind die freundlichen Kräfte, die Hände, die an uns arbeiten.«*

* Rainer Maria Rilke, *Briefe*, Insel-Verlag, S. 103 f.

Deshalb darf man Leiden nicht einfach ausmerzen, auch nicht und erst recht nicht, wenn es einen etwas kostet. Wenn wir damit leben und es annehmen, kann das Leiden eine Quelle des Reichtums, der Tiefe, des Wachstums und der Erfüllung –, ja, sogar des Glücks werden.

Deshalb noch einmal – im Gegensatz zu den so beliebten Schlagern von gestern und heute –: Liebeskummer lohnt sich, lohnt sich unbedingt.

Michael saß da und dachte nach.

Nun war es geschehen: Seine Freundin hatte ihr Verhältnis gelöst.

Er konnte wirklich nicht verstehen, warum. Sicher, er hatte Fehler gemacht. Vielleicht hatte er auch zu viel für selbstverständlich gehalten — zu viel und zu bald.

Er hatte schon die ganze Zeit das Gefühl gehabt, daß sie ihr Verhältnis niemals so ernst genommen hatte wie er. Vielleicht hatte sie Angst davor.

Obwohl sie gleichaltrig waren, hatte er sich in ihrer Gegenwart immer unterlegen und unsicher gefühlt. Manchmal hatte er den Eindruck, sie sei Jahre älter als er, und er sei nur ein bärtiges Baby.

Warum kann ein Mann nicht so sein wie eine Frau?

Auf alle Fälle mußte er ihre Entscheidung akzeptieren. Es war schmerzlich, und sein Herz tat ihm weh, aber er wollte den Schmerz nicht ertränken, tot tanzen oder überspielen. Er wollte ihn verarbeiten.

So setzte er sich hin und dachte nach.

Vielleicht hatte das Leiden einen Sinn — vielleicht sollte er dadurch lernen, zwischen Echtem und Falschem zu unterscheiden; vielleicht sollte er sogar daran die Kunst des Verzichtens lernen.

Aufgebenkönnen, Loslassenkönnen gehört mit zum Wichtigsten bei der Liebe. Wird diese Kunst gelernt, hat sich Liebeskummer gelohnt.

Doch das gilt nicht nur für die Liebe. Ich glaube, daß der Fortbestand der Menschheit davon abhängen wird, ob wir die Konsumhaltung aufgeben und die Kunst des Verzichtens lernen. Ob wir bereit sind, nicht nur unsere unerfüllbaren Träume aufzugeben, sondern auch jene Wünsche, die verwirklicht und erfüllt werden könnten.

Leiden läßt unreife Liebe zu reifer Liebe werden. Unreife Liebe, Liebe, die nichts lernen will, ist egoistisch. Solche Liebe haben Kinder — eine Liebe, die fordert und haben will; und zwar sofort. Sie erträgt keine Spannung und duldet kein Hindernis. Sie fordert und konsumiert und versucht zu herrschen.

Während Michael nachdachte, wurde ihm bewußt, daß der größte Beweis seiner Liebe zu seiner Freundin darin bestand, ihr die Freiheit zum »Nein« zu geben. Reife Liebe versucht nicht, über den anderen zu herrschen, sondern gibt ihn frei.

Das Leiden verlieh Michaels Liebe eine neue Dimension.

Liebeskummer lohnt sich, denn nichts bereitet uns besser auf die Ehe vor. Eheliche Liebe ist Liebe, die Aufgabe und Verzicht gelernt hat.

In der Ehe heißt es nicht mehr »mein« und »dein«, sondern »unser«.

Dieses Wort »unser« ist immer mit Opfer, mit Verzicht verbunden:

Verzicht auf den Partner, wenn er zur Arbeit geht;
Verzicht auf Freizeit und unabhängige Planung zugunsten der Familie;
Verzicht auf Dinge, die man sich als Lediger leisten konnte;
Opfer um der Kinder willen;
und schließlich — vielleicht das größte Opfer —
Verzicht auf die Kinder selbst, wenn sie beginnen, ihre eigenen Wege zu gehen.

Vielleicht liegt hier die Wurzel des Generationenproblems. Eltern, die in ihrer Liebe nicht die Kunst des Verzichts gelernt haben, sind unfähig, sie nun auf ihre Kinder zu übertragen. Sie gleichen Hennen, die Enteneier ausgebrütet haben und nun am Rand des Teiches stehen und gackern und mit den Flügeln schlagen, während die Entchen davonschwimmen.

Solche Eltern haben noch eine Menge zu lernen, und ihre Kinder müssen Geduld mit ihnen haben. Mark Twain sagte einmal: »Als ich sechzehn war, hielt ich meinen Vater für einen hoffnungslosen Fall. Als ich zwanzig war, entdeckte ich erstaunt, daß er Fortschritte gemacht hatte.«

Es kann aber auch genau umgekehrt sein. Manches »Nein« unserer Eltern entspringt ihrem tiefen Anliegen, uns opferbereite Liebe zu lehren. Wenn ein Kind diesem elterlichen »Nein« gehorcht, kann es die Kunst des Verzichts lernen, die ihm später eine unschätzbare Hilfe ist, wenn es der Wirklichkeit der Liebe gegenübersteht, seine eigene Ehe gestalten und seine eigenen Kinder erziehen muß.

Die Kunst des Verzichts, der Entsagung, bildet auch im Leben eines alleinstehenden Menschen das Geheimnis des Glücks. Die Selbstaufgabe ist für den Ledigen ebenso wichtig wie für den Verheirateten.

Wer diese Kunst erlernt, wird niemals einsam sein, auch wenn er ledig bleibt. Wer sie nicht erlernt, der wird immer einsam sein, auch wenn er verheiratet ist.

Die Aufgabe, die sich uns stellt, ist die gleiche, ob wir verheiratet oder ledig sind: *Ein erfülltes Leben zu leben trotz vieler unerfüllter Wünsche (Bonhoeffer)**.

Liebe ist ein Gefühl, das auch der Ledige lernen muß. Wer nicht heiratet, braucht deshalb ja nicht auf Liebe zu verzichten, aber er muß die Liebe lernen, die verzichten kann — genauso, wie der Verheiratete sie

* Bonhoeffer Brevier, Chr. Kaiser Verlag, S. 339. Wörtl.: »Es gibt erfülltes Leben trotz vieler unerfüllter Wünsche.«

lernen muß. Man könnte sogar sagen, daß der Wunsch, verheiratet zu sein, die Voraussetzung für ein glückliches Leben als Lediger ist.

Obgleich also Verheiratete wie Ledige vor derselben Aufgabe stehen, sollten wir nicht in den Fehler verfallen und meinen, unser gegenwärtiger Zustand sei von ewiger Dauer. Wir sollten uns nicht mit der Furcht vor dem Endgültigen, Unumstößlichen belasten.

Die Ehe kann eine Aufgabe für eine begrenzte Zeit sein und plötzlich mit dem Tod des Partners enden. Genauso kann auch das Ledigsein eine vorläufige Aufgabe sein.

Gott liebt nicht die Entscheidungen, die wir aus Resignation und Enttäuschung für ein ganzes Leben fällen. Er will, daß wir heute unser Leben leben und mit Zuversicht und Mut all seine frohmachenden Möglichkeiten entdecken.

Evelyn saß in der Bahn und schloß ihre Augen. Die Mitreisenden im Abteil sollten denken, sie schlafe. Aber ihr Herz sang im Rhythmus der Räder: »Er liebt mich. Ich werde seine Frau sein. Er wird mein Mann sein.«

Nein, begreifen würde sie das nie. Sie konnte es auch nicht erklären – weder ihrer Mutter noch ihrer Freundin. In ihrem Herzen hatte sie es von dem Augenblick an gewußt, als sie einander angesehen und ihre Augen gesagt hatten: »Dich meine ich, Dich allein, Dich für mein ganzes Leben.«

Wodurch hatte Carl bei ihr Erfolg gehabt? Hatte er sie überlistet, indem er ihr zunächst einmal vortäuschte, kein Interesse an ihr zu haben? Waren seine Methoden geschickter als die anderer?

Nein, er hatte überhaupt keine Methode gehabt. Er hatte nicht nach dem Grundsatz gehandelt: nimm zuerst vorsichtig den kleinen Finger, dann wird die ganze Hand schon folgen.

An einer kleinen, ziemlich unscheinbaren Geste hatte sie zum erstenmal ablesen können, was er unter »Freund« verstand. Während ihres ersten Studienjahrs hatte er sie erstmals eingeladen, an einem Samstagabend mit ihm auszugehen, obwohl er wußte, daß sie gewöhnlich am Wochenende heimfuhr, um ihre Familie und Freunde zu besuchen. Als sie seine Einladung zu einer Theateraufführung annahm, bedankte er sich ausdrücklich dafür, daß sie auf ihre Heimfahrt verzichtete.

Diese Geste ließ sie zum erstenmal erkennen: Er will nicht nur einen netten Abend verbringen, sucht auch nicht nur eine angenehme Partnerin für ein paar Stunden, sondern mit seiner Einladung meint er *mich*.

Liebe ist ein Gefühl, das man lernen muß, und Evelyn wußte tief in ihrem Herzen, daß man es niemals durch Sex lernen kann. Auf diesem Wege hätte sie niemals die Gewißheit bekommen, die sie jetzt hatte. Denn wie laute Trommeln das Leitmotiv der Flöten übertönen, hätte die Sexualität ihre Ohren taub gemacht für die zarten und leisen Obertöne, die für die richtige Wahl so wesentlich sind.

Carl hätte nicht den Gesang der Nachtigall gehört, hätte auch nicht das Zittern des Grases und die Schmiegsamkeit einer rankenden Weinrebe erfahren oder die Heiterkeit der Sonnenstrahlen gesehen, noch hätte er die Unstetigkeit der Winde und die Weichheit einer Papageienbrust gefühlt.

Sie hätten die Schönheit des »Noch nicht« verpaßt, den Schmerz des Wartens und die Freude der Spannung, das Leiden, das sie dennoch so glücklich machte.

Evelyn wußte: Die Sexualität hätte ihrer Liebe die Möglichkeit des Wachstums genommen. Sie hätten gewissermaßen im April die Blüten gepflückt und deshalb später keine Äpfel ernten können.

Liebe wächst nicht aus der Sexualität heraus. Liebe muß in die Sexualität hineinwachsen. Sie muß zuerst da sein.

Für Evelyn bedeutete Liebe vor allem Vertrauen und Treue, Gemeinschaft und gemeinsame Erfahrungen, geteilte Hoffnungen und geteilte Sorgen. Sie erforderte deshalb eine zuverlässige und dauerhafte Bindung. Liebe und Dauerhaftigkeit waren für sie untrennbar.

Könnte es sein, dachte Evelyn, während der Zug sie immer näher zu ihrem Freund brachte — könnte es sein, daß Mädchen, die voreheliche sexuelle Beziehungen zulassen oder suchen, ihre tiefsten Gefühle und Sehnsüchte unterdrückt haben? Daß sie nicht etwa besonders leidenschaftlich sind, sondern, im Gegenteil, eher leidenschaftslos, berechnend und sogar kalt?

Was ist eine alte Jungfer? Jemand, der nicht lieben kann. Jemand, der seine Gefühle unterdrückt und sich selbst nicht bejahen kann. Es gibt Teenager, die bereits

»alte Jungfern« sind. Es gibt auch verheiratete »alte Jungfern«. Es gibt sogar männliche »alte Jungfern«.

Das Gegenteil der »alten Jungfer« ist die Jungfrau.

Jungfräulichkeit ist nichts Negatives, sondern etwas außerordentlich Positives. Sie entspricht der tiefsten Natur des Mädchens. Sie wird auch nicht »verloren« — sondern »verschenkt«. Jungfräulichkeit bedeutet: Bereit sein für die ganze Fülle der Liebe.

Sex kann ein Mädchen zur alten Jungfer machen. Jungfräulichkeit macht es zur Frau.

Carl fühlte, daß nichts seine Liebe zu Evelyn mehr hatte reifen lassen als ihre Jungfräulichkeit. Wie ein Damm die Kraft des Wassers in Elektrizität verwandeln hilft, so hilft die Beherrschung, die Kraft der Sexualität in Liebe zu verwandeln.

Zwei Züge an Evelyn hatten ihm besonders geholfen — ihre Attraktivität und ihre Zurückhaltung. Eines ohne das andere genügt nicht.

Ihre Anziehungskraft hatte ihn gelehrt, sie so sehr zu lieben, daß er für seine Liebe einen Preis zu zahlen, ein Opfer zu bringen bereit war.

Durch ihre Zurückhaltung hatte sie sein Interesse über ihren Körper hinaus auf ihre Seele gelenkt, hatte ihm, der er gewohnt war, ganz im Bereich des Willens und der Vernunft zu leben, geholfen, seine eigene Seele zu entdecken.

Vielleicht muß das Mädchen auf diesem Gebiet die Lehrerin des Jungen sein, dachte Carl.

Wäre sie nur attraktiv und nicht auch zurückhaltend gewesen, so hätte sie seinen Sinn auf das Abenteuer, nicht aber auf die Ehe gerichtet.

Attraktivität ohne Zurückhaltung hätte ihn in Versuchung geführt, den geringstmöglichen Preis für die Erfüllung seines Verlangens zu zahlen.

Hätte sie seinem Verlangen nachgegeben, hätte sie für ihn ihre Attraktivität verloren. Gerade weil er sie liebte und sie nicht verlieren wollte, hatte er deshalb im Stillen auf ihren Widerstand gehofft.

Die Verweigerung sexueller Beziehungen war ein größerer Beweis ihrer Liebe, als es die Gewährung gewesen wäre. Hätte sie sexuelle Beziehungen zugelassen, hätte sie ihre Liebe verletzt.

Sex kann der Liebe Wunden schlagen; er kann sie töten. Deshalb muß Liebe beschützt werden.

Es gibt einen Bibelvers, der in diesem Zusammenhang bisher zu wenig beachtet worden ist. Ich meine 1. Mose 2, 25: »Sie waren beide nackt, der Mann und seine Frau, und sie schämten sich nicht.«

Nackt, ohne sich zu schämen.

»Nackt« ist hier nicht nur im körperlichen Sinne gemeint. Es bedeutet, einander entblößt und ohne Maske gegenüberzustehen, ohne etwas vorzutäuschen, ohne etwas zu verstecken; den Partner so zu sehen, wie er wirklich ist, und mich ihm so zu zeigen, wie ich wirklich bin — und mich dennoch nicht zu schämen.

Nackt, ohne sich zu schämen.

Aber dieses höchste Ziel reifer Liebe ist nur denen verheißen, die — wie der vorhergehende Vers, 1. Mose 2, 24, sagt — Vater und Mutter verlassen haben und einander »anhangen«; mit anderen Worten, denen, die öffentlich und vor dem Gesetz verheiratet sind.

Diese beiden — nicht zwei vor oder außerhalb der Ehe — werden ein Fleisch.

Diese beiden — nicht zwei vor oder außerhalb der Ehe — werden die ungeheuer schwierige Aufgabe bewältigen: einander so gegenüberzustehen wie sie wirklich sind, miteinander zu leben — nackt und doch ohne Scham.

Nackt, ohne sich zu schämen — das meint die Bibel mit dem Wort »erkennen«. »Adam erkannte Eva, seine Frau.«

Ein solches Erkennen ist außerhalb der Ehe nicht möglich. Wer es vorher versucht, verletzt die Liebe oder tötet sie sogar.

Deshalb will Liebe nicht nur gelernt sein, sie will auch beschützt werden.

Sie muß durch Gottes Willen beschützt werden. Wir können sie nicht beschützen, wenn wir nur auf die menschliche Vernunft hören.

Heute neigt man in Europa dazu, den göttlichen Willen im Namen der Liebe in Frage zu stellen.

»Sollte Gott gesagt haben?« fragt man, wie die Schlange Eva im Garten Eden fragte.

Ist es nicht Liebe, fragt man, die Qual des Wartens abzukürzen und voreheliche Beziehungen zu fördern?

Ist es nicht Liebe, fragt man, die Sexualität einzuüben und zur Selbstbefriedigung oder sogar zu homosexuellen Beziehungen zwischen Teenagern zu ermutigen?

Ist es nicht Liebe, fragt man, Schülern Verhütungsmittel zur Verfügung zu stellen?

Ist es nicht Liebe, fragt man, dem Ehepartner Intimverkehr mit einem anderen zuzugestehen, wenn er diesen anderen liebt?

Ist es nicht Liebe, fragt man, dem unverheirateten Mädchen das Recht auf ein Kind einzuräumen?

Ich erinnere mich an einen Film, der während der Hitlerzeit in Deutschland gezeigt wurde. Er handelte von einem Arzt, dessen Frau an einer unheilbaren Krankheit litt. In allen Einzelheiten zeigte der Film, wie sie durch diese Krankheit gequält wurde, bis ihr Mann sie mit einer Überdosis von Schlafmitteln tötete. Als er wegen Mordes vor Gericht gestellt wurde, verteidigte er sich mit den Worten: »Ich habe meine Frau geliebt.«

Hier wurde Gottes Gebot »Du sollst nicht töten« im Namen der Liebe in Frage gestellt.

Dieser Film, im Jahre 1940 gezeigt, diente Hitler als psychologische Vorbereitung auf das Töten von unheilbar Kranken und Geistesgestörten, auf die Ausrottung von Menschenleben, die er für »lebensunwert« hielt. Und am Ende stand die Ermordung von sechs Millionen Juden in den Gaskammern der Konzentrationslager.

Wenn wir versuchen, selbst die Maßstäbe für die Liebe aufzustellen, fallen wir dem Teufel in die Hände. Als Deutschland das Gebot »Du sollst nicht töten« im Namen der Liebe in Frage stellte, fiel es dem Teufel in die Hände. Wenn wir heute das Gebot »Du sollst nicht ehebrechen« im Namen der Liebe in Frage stellen, fallen wir genauso dem Teufel in die Hände.

Weil wir selbst nicht wissen, was Liebe ist, muß die Liebe durch den beschützt werden, der selbst die Liebe ist. Es kann keinen Widerspruch zwischen der Liebe und dem Willen Gottes geben. Wirkliche Liebe kann niemals gegen ein Gebot Gottes verstoßen.

Wir verletzen immer unseren Nächsten, wenn wir ein Gebot übertreten, auch wenn wir es in der jeweiligen Situation nicht sofort merken. Aber Gott ist größer als unsere Situation. Er sieht über meinen Horizont hinaus. Er hat den Film meines ganzen Lebens vor Augen und nicht nur den Schnappschuß meiner augenblicklichen Situation.

Der Lebensfilm bietet ein anderes Bild als der Schnappschuß. Ich möchte das anhand des Falles von

François und Cecile erläutern, jenes jungen afrikanischen Paars, dessen Briefwechsel mit mir in dem Buch »Ich liebte ein Mädchen«* veröffentlicht ist.

Wer das Buch gelesen hat, wird sich erinnern, daß François und Cecile keinen anderen Ausweg aus ihrer Lage sahen, als durchzubrennen. So vollzogen sie die Ehe körperlich, bevor sie rechtlich verheiratet waren.

Wer von uns kann sie verurteilen? Menschlich können wir verstehen, warum sie in einer schwierigen Situation so handelten.

Heute über ihr damaliges Handeln befragt, sagen sie jedoch beide, daß sie es bedauern. Sie sind zwar inzwischen glücklich verheiratet, geben aber zu, daß, aufs Ganze gesehen, der Vollzug der Ehe vor der Hochzeit ihrer Liebe mehr geschadet als genutzt hat.

Wenn wir also einen Schnappschuß aus dem Gesamtzusammenhang reißen, dann mag es oft unserem menschlichen Verständnis scheinen, als sei eine vor- oder außereheliche Hingabe oder eine schöne Lüge oder ein Töten aus Mitleid ein Ausdruck von Liebe. Wenn aber der ganze Lebensfilm in den Blick kommt, sieht die Sache anders aus.

Jesus sagt: »Wenn ihr mich liebt, werdet ihr meine Gebote halten.«

Wir können nicht unseren Nächsten lieben, wenn wir nicht Jesus lieben. Wir können Jesus nicht lieben, wenn wir ihm nicht gehorchen.

* Vandenhoeck u. Ruprecht Verlag, Göttingen.

Nur wer wirklich liebt, kann gehorchen.

Nur wer gehorcht, kann wirklich lieben.

»Und seine Gebote sind nicht schwer« (1. Joh. 5, 3).

Sie sind keine Bürde, sondern eine Hilfe. Sie sind keine Last, sondern eine Kraft. Sie entmündigen uns nicht, sondern lassen uns reifen.

Ich weiß, daß manche behaupten, vorehelicher Geschlechtsverkehr sei doch heute unter Teenagern gang und gebe. Man hat sogar einige Statistiken veröffentlicht, die erschreckend hohe Zahlen angeben. Doch Vorsicht bei Statistiken über den Intim-Bereich! Es gibt keine einzige narrensichere Methode, zu wissenschaftlich gesicherten Ergebnissen über das Sexualverhalten zu gelangen.

Aber selbst wenn diese Statistiken stimmen sollten, selbst wenn ein großer Prozentsatz vorehelichen Geschlechtsverkehr praktizieren sollte — was besagt das schon?

Seit wann richtet sich unser Verhalten nach Statistiken? Seit wann lassen wir uns vom Tun der Mehrheit leiten? Wir sind doch keine scheuen Tiere, die eine Tarnfarbe benötigen, um überleben zu können! Im Gegenteil: Wenn wir nicht Farbe bekennen, werden wir nicht überleben.

Bonhoeffer hat einmal gesagt: »Nur das Außerordentliche ist wesensmäßig christlich.«

Zum Schluß möchte ich von einem Gespräch mit Karin, wie wir sie nennen wollen, berichten.

Während unserer ersten Unterhaltung versicherte mir Karin mehrfach, daß sie mit ihrem Freund zwar Zärtlichkeiten ausgetauscht habe, sie seien aber niemals »bis zum letzten« gegangen.

Ich stellte ihr keine einzige Frage. Am nächsten Tag kam sie zurück. Sie wollte wissen, was man eigentlich darunter verstehe. Ich sagte: »Landläufig versteht man darunter meistens die geschlechtliche Vereinigung.« Karin zögerte einen Augenblick und meinte dann nachdenklich: »Ja, wenn nur das damit gemeint ist, dann bin ich allerdings mit meinem Freund bis zum letzten gegangen.«

Dann brach es aus ihr heraus: »Bitte, denken Sie nicht, daß ich Sie gestern angelogen habe. Sie sind der Erste, der mir konkret sagt, was gemeint ist. Als ich meine erste Menstruation hatte, sagte meine Mutter nur, ich solle achtgeben, daß ich nichts schmutzig mache. Das war meine ganze Sexualerziehung. Warum wird immer so drum herum geredet? Geht nicht bis zum letzten! — Laßt euch nicht zu weit ein! — Aber wie weit nun das zu weit ist, hat mir noch niemand konkret gesagt. Ist Umarmen zu weit? Sind Küsse zu weit?«

Karin forderte mich heraus. Ich mußte nun konkret formulieren. Dabei dachte ich an viele Gespräche mit jungen Menschen, die mir — manchmal unter Tränen — versichert hatten: Sie hätten beide nicht vorgehabt, bis zum letzten zu gehen, aber dann hätten sie nicht mehr anhalten können. Ich sagte — und wer eine bessere Antwort weiß, der soll mich korrigieren —: »Der Punkt, von dem an nicht mehr angehalten werden kann, ist meist das gemeinsame Sich-Hinlegen und dann jede Form des Entkleidens.«

»An wem ist es aber nun, zu bremsen? Am Jungen oder am Mädchen?« fragte Karin.

»Wer von beiden Partnern das empfindlichere Gewissen hat, muß hier der Helfer des andern sein«, erwiderte ich. »Ein Klaps auf die Finger kann da unter Umständen liebevoller sein als ein Zungenkuß. Die Achtung voreinander wird steigen und die Liebe sich vertiefen, während das ›Bis-zum-letzten-gehen‹ sich als Kurzschluß erweist. Das sogenannte ›Letzte‹ ist nämlich nicht das Letzte, auch nicht die Hälfte, noch nicht einmal ein Anfang — höchstens in verkehrter Richtung. Das Letzte ist die Liebe. Aber gerade sie wird durch das ›Letzte‹ verletzt und stirbt, anstatt sich zu erfüllen.«

»Kann Sex die Liebe verletzen?«

»O ja, Karin, ganz gewiß. Ein Studentenpaar, das ein uneheliches Kind erwartete, schrieb mir: ›Kommt es nicht nur darauf an, daß es aus Liebe geschehen ist?‹ Ich will Dir vorlesen, was ich zurückschrieb:

›Liebe? . . . Mag sein, aber in einem sehr begrenzten Sinn. Ihre Liebe war eine sehr egoistische Liebe: Sie haben sich verhalten, als lebten Sie auf einer einsamen Insel und als gäbe es nur Sie beide auf der Welt. Liebe zu dem kleinen Wesen, das nun in Ihrem Leib heranwächst und auf das kein Heim, keine Geborgenheit wartet? Verlegenheit um sein Geburtsdatum, solange es lebt: Liebe? — Peinlichkeit für die Eltern, Verwirrung in Ihren und Ihres Freundes Berufsplänen: Liebe? Mit welcher Vollmacht wollen Sie Ihre eigenen Kinder bewahren? Liebe zu Ihnen? Was mit Geduld und Weisheit vorbereitet werden sollte, muß nun gehetzt geschehen; was höchste Freude sein könnte, wird mit Sorge und Scham umgeben. *Ein Problem* haben Sie vielleicht gelöst — vielleicht —: Die sexuelle Spannung. Aber unzählige neue tauchen auf: Hochzeit, Heim, Unterhalt, Beruf . . .‹

Du siehst also, Karin«, fügte ich hinzu, »Sex kann die Liebe verletzen. Deshalb schützt Gott die Liebe, indem er der Sexualität ausschließlich in der Ehe ihren Platz zuweist.«

Karin dachte eine Weile nach. Dann stellte sie die Frage: »Geben sich nicht fast alle Mädchen ›aus Liebe‹ hin?«

»Jedenfalls aus dem, was sie für Liebe halten. Aber nicht alle werden von dem geheiratet, dem sie sich hingeben! Manch ein verpfuschtes Leben begann so. Deshalb muß es immer wieder neu gesagt werden: Auch ein erster und einziger Geschlechtsverkehr kann schon eine Schwangerschaft hervorrufen. Einmal ist *nicht* keinmal.«

»Aber«, sagte Karin, »liegt es nicht an ihrer eigenen Unachtsamkeit, wenn ein Mädchen schwanger wird? Als ich mir deswegen Sorgen machte, beruhigte mich mein Freund mit der Versicherung, er würde schon aufpassen. Zuerst wußte ich nicht, was er mit diesem ›Aufpassen‹ meinte. Nun weiß ich es. Er zog sein Glied vor dem Samenerguß heraus, so daß dieser außerhalb meines Körpers stattfand. Aber sehen Sie, auf diese Weise gab mir unser Erlebnis keine Befriedigung und deshalb meinte ich, wir seien nicht ›bis zum letzten‹ gegangen.«

Ich war froh, daß Karin so offen sprach. Die Methode der Empfängnisvermeidung, die sie beschrieben hatte, verschafft zwar dem jungen Mann eine gewisse Befriedigung, dem Mädchen jedoch kaum. Deshalb kann dieser abgebrochene Geschlechtsverkehr — abgebrochen für das Mädchen — die Grundlage für spätere Frigidität legen oder sogar ein Gefühl des Ekels ge-

genüber allem Sexuellen hervorrufen, das dann später die Ehe entscheidend stört.

Wieder wird die Liebe verletzt. Außerdem ist diese Methode unästhetisch und nicht einmal sicher, denn der richtige Augenblick des Zurückziehens kann leicht verpaßt werden.

»Gibt es denn kein absolut sicheres und ungefährliches Mittel zur Empfängnisvermeidung?« fragte Karin.

»Ich kenne keines. Kondome können zerreißen. Pessare können schlecht angepaßt sein. Die sogenannte ›Rhythmus-Methode‹ oder ›Kalendermethode‹, die Bestimmung der unfruchtbaren Tage im Menstruations-Zyklus der Frau, ist, wenn man sich ausschließlich auf das Zählen der Tage beschränkt, ebenfalls nicht sicher, denn die Perioden sind nicht immer regelmäßig. Sicherheit bietet diese Methode — vor allem vor der Ehe —, keinesfalls.«*

»Und wie ist es mit der sogenannten Anti-Baby-Pille?«

»Auch damit ist es nicht so einfach. Zunächst einmal ist die ›Pille‹ rezeptpflichtig. Aber selbst wenn man diese Hürde überwunden hat, bleiben Probleme. Sie ist nur wirksam, wenn sie völlig regelmäßig ein-

* Diese Methode ist nicht zu verwechseln mit der Messung der Basaltemperatur!

genommen wird. Vergißt man sie nur einen einzigen Tag, ist sie wirkungslos. Deshalb ist es sinnlos, sie in der Handtasche zur Tanzveranstaltung mitzunehmen und sie dann ›im Bedarfsfall‹ schnell vorher zu schlukken (diese irrige Ansicht ist weiter verbreitet als man glaubt).

Daneben kann die regelmäßige Einnahme der Pille über einen längeren Zeitraum hinweg dem Organismus eines jungen Mädchens schaden, denn es kann dadurch zu einer Störung des äußerst empfindlichen Hormonhaushaltes kommen. Sobald die ›Pille‹ abgesetzt wird, kann die Empfängnisbereitschaft besonders groß werden. Es kann aber auch das Gegenteil eintreten: Nach Absetzen der ›Pille‹ kann die Freigabe von Eizellen für lange Zeit unterbrochen sein, so daß die Frau für unbestimmte Zeit steril ist. Diese negativen Folgen sind zwar Ausnahmen, aber sie lassen sich nicht voraussagen.

Ein Mädchen sagte: ›Wenn ich regelmäßig die Pille nähme, nur weil ich irgendwann einmal ein sexuelles Abenteuer haben könnte, käme ich mir wie eine Prostituierte vor.‹«

»Aber würde dann nicht das Petting alle Probleme lösen?«

Als ich Karin fragte, was sie mit Petting meine, erklärte sie, daß sie damit nicht nur Händchenhalten oder etwa Küssen meine, sondern eine gegenseitige Berührung der Geschlechtsorgane, bis bei beiden Partnern der Orgasmus erreicht sei, also eine Art Selbstbefriedigung zu zweit. Auf diese Weise könne man sexuelle Lust erleben, ohne Angst vor einer Schwangerschaft haben zu müssen und ohne Verhütungsmittel verwenden oder Tage zählen zu müssen.

Karin sagte mir, sie kenne Paare, die bewußt Christen sein wollen und sich nichts beim Petting denken. Sie beruhigen offensichtlich ihr Gewissen damit, daß sie ja keinen Geschlechtsverkehr vollzogen haben.

Das konnte ich nur bestätigen. Ich selbst kenne auffällig viele Christen, die sich auf diesen faulen Kompromiß einlassen und meinen, auf diese Weise dem lieben Gott ein Schnippchen zu schlagen. Schließlich sind sie ja nicht »bis zum letzten« gegangen!

Es sieht tatsächlich wie eine ideale Lösung aus, ist aber eine Sackgasse.

Zunächst mußte ich Karin erklären, daß auch das Petting keine sichere Methode zur Vermeidung einer Schwangerschaft ist. Der Prozentsatz der beim Petting ungewollt gezeugten Kinder ist überraschend hoch. Schon die kleinste Menge männlicher Samenflüssigkeit, die in die Scheide gelangt, genügt, eine Eizelle zu befruchten. Außerdem steht es fest, daß viele Paare, die mit Petting anfangen, nicht dabei bleiben können und schließlich – gegen ihren Willen – zu einer vollen sexuellen Vereinigung kommen. Aber eine andere weitgehend unbekannte Tatsache ist noch viel schwerwiegender:

Für die Frau gibt es zwei Ebenen der sexuellen Befriedigung: Eine oberflächlichere Art, die letztlich eben nicht befriedigend ist, und eine tiefe und erfüllende Ebene. Diese aber ist normalerweise nur in der Ehe erreichbar, denn sie setzt ein harmonisches Verhältnis mit demselben Partner über einen langen Zeitraum hinweg voraus. Frauen, die von der ersten zur zweiten Ebene gelangt sind, beurteilen die erste als kindisch und unreif. »Zum erstenmal hatte ich das Bewußtsein, eine richtige Frau zu sein«, sagen sie, wenn sie die tiefe befriedigende Weise sexueller Erfüllung erfahren haben.

Durch fortgesetztes Petting, also durch das Manipulieren der Klitoris, gewöhnt sich das Mädchen an die nur oberflächliche »Erfüllung«. Später, in der Ehe, wird es ihr schwerfallen, zu dem tieferen und erfüllenden Erlebnis eines vaginalen Orgasmus heranzureifen. So macht sie sich und ihren Mann unglücklich.*

Abermals geht es also auf Kosten der Liebe. Wer Sex ohne Ehe will, kann die Liebe weder erlernen noch beschützen. Er betrügt sich selbst um die bereichernde Erfahrung des Wachsens und Reifens.

Vor einigen Jahren verteidigte eine Oberschülerin in einem Gespräch mit mir »Petting« als etwas »Schö-

* Vgl. hierzu Affemann, *Geschlechtlichkeit und Geschlechtserziehung in der modernen Welt*, Gerd Mohn, Gütersloh, S. 170 f.

nes«. Als Studentin im ersten Semester schrieb sie mir kürzlich, sie schäme sich jetzt und fühle sich mißbraucht. Sie wisse zwar noch nicht, wen sie einmal heiraten werde, aber auch vor ihrem zukünftigen Mann würde sie sich ihrer vergangenen Pettingerlebnisse schämen.

Ich mußte Karin auch noch auf eine weitere Möglichkeit hinweisen: Viele, die »Petting« praktiziert haben und dann von ihren Partnern verlassen werden, verfallen leicht in die Gewohnheit der Selbstbefriedigung. Das gilt nicht nur für Jungen, sondern auch für Mädchen.

Selbstbefriedigung ist ein Hilferuf. Sie ist keine Krankheit, sondern ein Symptom, meist ein Symptom des Alleinseins. Sie ist nicht etwa ein Zeichen für besonders starken Sexualdruck, sondern für Kontaktlosigkeit und die Unfähigkeit, sich anderen zu öffnen. Deshalb muß die Hilfe an dieser tieferen, dahinterliegenden Not einsetzen.

»Wie sieht diese Hilfe aus?« wollte Karin wissen.

»Für jeden anders. Die Hauptsache ist wohl, nicht allein zu bleiben, sondern sich jemandem anzuvertrauen, mit dem man offen über seine Schwierigkeiten sprechen kann, ohne Angst und Scham, und der einem hilft, aus dem Drehen um die eigene Achse herauszukommen und die Hinwendung zu einem Du zu erlernen.«

Karin fragte wieder: »Warum hat mir das bisher noch niemand gesagt?«

Ich antwortete ihr: »Karin, ich frage mich auch oft nach dem Grund für dieses seltsame Schweigen. Vielleicht entspringt es einem schlechten Gewissen. Vielleicht entsteht es aus dem Gefühl, daß man keine Autorität auf einem Gebiet hat, auf dem man selbst versagt hat. Willst Du Deinen Kindern eine bessere Mutter werden als Deine Mutter Dir war?«

»Es stimmt«, sagte sie, »ich hatte ein schlechtes Gewissen, als ich dem Drängen meines Freundes nachgab. Sie dürfen nicht glauben, daß ich einfach geschehen ließ, was er mit mir tat. Ich wehrte mich dagegen, obwohl ich es wiederum wollte. Das Ganze war seelisch sehr schmerzhaft für mich. Ich gab zwar vor, glücklich zu sein, aber in Wirklichkeit war mir mehr nach Heulen zumute.«

»Karin«, sagte ich, »wenn du doch nur geheult hättest, dann wäre er wahrscheinlich nicht ›bis zum letzten‹ gegangen. Du hättest ihn als Mann herausgefordert, und er hätte dich beschützen wollen. Aber weil du vorgabst, glücklich zu sein, versuchte er, dich glücklich zu machen — und tat dir doch weh.«

»Ich kann das nicht verstehen«, sagte sie. »Nicht ich drängte, sondern er. Als ich jedoch nachgab, verlor er alles Interesse. Für ihn war es das Ende, für mich aber war es ein Anfang. Kann er das nicht verstehen?«

»Nein, Karin, das kann er nicht.«

»Und warum nicht?«

»Weil er ein Junge ist und du ein Mädchen bist.«

Karin meinte: »Wenn ich Sie so reden höre, leuchtet es mir durchaus ein, daß es im Grunde eine Dummheit ist, ohne Ehe bis zum letzten zu gehen. Aber wenn ich mich dann in so einer prickelnden Situation befinde, fallen mir ebenso viele ganz gescheite Gegengründe ein.«

»Vielen geht das so«, erwiderte ich. »Deshalb helfen noch so gescheite Argumente letztlich doch nicht. Notwendig im wörtlichen Sinne ist ein Halt, der größer ist als unser Verstand. Dieser Halt ist der Wille dessen, der uns alle geschaffen hat, samt unserem sexuellen Verlangen und unserem Streben nach Vereinigung.«

»Und wo erfahre ich, was dieser Wille Gottes ist?«

»Der Wille Gottes«, sagte ich, »ist in folgendem schlichten Satz enthalten: ›Darum wird ein Mann Vater und Mutter verlassen und an seinem Weibe hangen und werden die zwei ein Fleisch sein.‹ Dieser Satz steht 1. Mose 2, 24* und wird noch dreimal im Neuen Testament zitiert. Das Wort ›verlassen‹ bezeichnet da-

* Die Bedeutung dieses Verses für die Ehe und die Zeit vor der Ehe ist in meinem Buch »Heiraten – warum nicht?« (Vandenhoeck & Ruprecht, Göttingen) ausführlich erklärt.

bei einen öffentlich rechtlichen Akt, der sich heute bei uns in der Trauung vollzieht. Der Ausdruck ›Ein-Fleisch-Sein‹ kommt in der Bibel nur im Zusammenhang mit der Ehe vor. Das bedeutet: nach Gottes Willen gehört die geschlechtliche Vereinigung in die Ehe als Ausdruck ehelicher Liebe. Nur wer ›verläßt‹, kann auch ›hangen‹ und im vollen Sinne ›ein Fleisch werden‹, kann Letztes, Erfülltes erfahren.«

»Ist das aber nicht eine Überforderung in der sexgeschwängerten Atmosphäre unserer Zeit?«, wandte Karin ein.

»Ach, Karin, war es wirklich früher soviel anders? Und wenn schon, es gilt auch für unsere Zeit: Im Grunde ist es viel einfacher und kostet weniger Kraft, Gottes Gebote zu halten, als sie zu übertreten. Sie sind keine Bürde, sondern eine Hilfe. Das Leben wird ungeheuer viel komplizierter für den, der selber wissen will, was gut und böse ist. Nur der Gehorsame ist mündig und auch froh.«

»Für mich ist dieses Frohsein nun für immer vorbei«, sagte Karin traurig. »Für mich kommt diese Einsicht zu spät.«

Da mußte ich ihr widersprechen und zum Abschluß unseres Gesprächs sagen, was ich allen sagen möchte, die so empfinden wie sie:

Liebe ist ein Gefühl, das man lernen muß. Vielleicht aber ist es am schwersten zu lernen, sich lieben zu lassen, bedingungslos und voraussetzungslos; sich lieben zu lassen von dem Gott, für den es kein Zu-Spät gibt. Denn er ist der Allmächtige, der auch das Geschehene ungeschehen machen kann durch seine Vergebung. Deshalb braucht keiner mit seiner inneren Verwundung weiterzuleben, Karin nicht und niemand anderer. Es gibt für jeden die Möglichkeit eines Neuanfangs.

Jesus spricht: »Wer zu mir kommt, den werde ich nicht hinausstoßen.«

Denn Liebe ist ein Gefühl, das man lernen darf.

Nachwort

Die Vorlage für dieses Buch ist ein Vortrag, den ich im August 1967 in Seattle und Dallas, USA, vor jungen Menschen gehalten habe. Ihm liegen viele persönliche Gespräche mit Jugendlichen in Europa, Amerika und Afrika zugrunde, die alle irgendwie von den gleichen Fragen und Problemen bewegt werden.

Wertvolle Anregungen verdanke ich der Zeitschrift »contrapunkt«, und ich möchte an dieser Stelle dem MBK-Verlag, Bad Salzuflen, danken, der mir das Material kostenlos zur Verfügung stellte.

Walter Trobisch

Weitere Taschenbücher von Walter Trobisch
im R. Brockhaus Verlag:

Liebe dich selbst
Selbstannahme und Schwermut
R. Brockhaus Taschenbuch 226

Vielen Menschen fällt es schwer, sich selbst anzunehmen und zu bejahen. Kann man Selbstannahme lernen? Wo liegt die Grenze zwischen Selbstliebe und Selbstsucht? Schließen Selbstliebe und Selbstlosigkeit einander aus?
Diese und andere Fragen werden hier praktisch und biblisch begründet beantwortet.

Kleine Therapie für geistliche Durststrecken
Von der Überwindung geistlicher Tiefpunkte
R. Brockhaus Taschenbuch 271

Wer hat als Christ noch nicht jene Zeiten erlebt, wo der Kontakt zu Gott abgerissen ist und Bibellesen und Gebet zur lästigen Pflicht werden?
Walter Trobisch nennt die wichtigsten Ursachen solcher Tiefs und zeigt, wie man sie überwinden kann.